Mon grand cahier Montessori de lecture

Activités conçues par
Anaïs Galon et Julie Rinaldi

Avec la participation de Christine Nougarolles

LAROUSSE

Crédits : © Fotolia.com

Retrouvez gratuitement sur www.editions-larousse.fr tout le matériel à découper présent en fin d'ouvrage.

Direction de la publication : Carine Girac-Marinier
Direction éditoriale : Julie Pelpel-Moulian
Édition : Léa Combasteix
Direction artistique : Uli Meindl
Réalisation graphique : Les PAOistes
Fabrication : Marlène Delbeken

Illustrations :
Isabelle Monnerot-Dumaine : p. 1, p. 6 (1, 2, 3, 8, 10), p. 9 (perroquet), p. 10-11, p. 16 (haut), p. 27, p. 31 (perroquet), p. 49 (1, 2, 3), p. 50 (4), p. 51 (1), p. 52 (ibis), p. 54 (bas), p. 58 à 61, p. 77 (perroquet), p. 78-80, p. 94 (1, 2), p. 95 (2), p . 103 (ibis), p. 104-105, p. 107, p. 108, p. 110, p. 111 (bas), p. 112, p. 143 (3).
Amélie Clavier : p. 3 (fanions), p. 5 (fanions), p. 6 (4, 5, 6, 7, 9), p. 7 à 9, p. 28, p. 31 (fanions), p. 32-33, p. 47, p. 48, p. 49 (4), p. 50 (1, 2, 3), p. 51 (2,3), p. 52 (fanions), p. 54 (haut), p. 56, p. 60 (fanions), p. 77 (fanions), p. 94 (3, 4), p. 95 (1, 3, 4), p. 103 (fanions), p. 109, p. 111 (haut), p. 117, p. 121 (3, 14, 28), p. 143 (1, 2, 4).

ISBN : 978-2-03-596343-7

PAPIER À BASE DE FIBRES CERTIFIÉES

LAROUSSE s'engage pour l'environnement en réduisant l'empreinte carbone de ses livres. Celle de cet exemplaire est de : 1,5 kg éq. CO_2 Rendez-vous sur www.larousse-durable.fr

Achevé d'imprimer en Espagne par Industria Grafica Cayfosa (Barcelone)
Dépôt légal : janvier 2019 – 322644/01
N° de projet : 11039631 – décembre 2018

Préface

Le jeune enfant qui découvre la lecture s'engage dans une grande aventure. Nous vous proposons avec ce cahier de l'accompagner en lui offrant des outils qui lui permettront de progresser à son rythme.

Ce cahier respecte, en matière de lecture, les grands **principes de la pédagogie Montessori** : une progression pensée pour passer du déchiffrage de mots à la lecture de premiers textes courts.

L'enfant va ainsi renforcer ses compétences, prendre confiance en lui, prendre plaisir à jouer tout en lisant, afin d'arriver à une lecture de plus en plus fluide et à une compréhension de plus en plus fine.

Pour cela, les difficultés sont abordées une par une, et sont mises en évidence par un code couleurs comme suit :

- lettres muettes grisées (galop) ;
- nouveautés introduites en rouge (e qui fait è devant une ou deux consonnes, groupes de deux consonnes qui se suivent - crêpe, plume, stylo) ;
- mots outils en jaune fluo (dans, est, un, ...).

Nous avons choisi la police cursive Dumont maternelle car lire en cursive est très intéressant pour la mise en place de la correspondance entre ce que l'enfant entend (les phonèmes) et ce qu'il voit (les graphèmes).

La progression

La progression de ce cahier s'articule sur deux niveaux.
Le **niveau 1** est pensé pour ne proposer à l'enfant que des mots phonétiques (une lettre = un son).
Dans le **niveau 2** s'ajoutent des nouveautés abordées séparément dans diverses activités.
Chaque niveau comporte trois parties :

- **partie 1 : la lecture de mots ;**
- **partie 2 : la lecture de phrases ;**
- **partie 3 : la lecture de textes courts.**

Vous pourrez suivre cette progression de manière rigoureuse ou vous sentir libre de l'adapter en fonction des besoins et des envies de l'enfant. Rappelez-vous cependant qu'il est essentiel d'observer l'enfant afin de ne jamais lui proposer des activités qui le mettraient en difficulté.

Les activités proposées

Nous avons intercalé entre le matériel issu de la pédagogie Montessori des activités ludiques et des jeux afin de vous permettre de vivre des moments positifs avec l'enfant avec qui vous partagerez du temps autour de la lecture. De **nombreuses activités sont à découper afin de favoriser la manipulation**.

Dans chaque partie, un tableau récapitule les compétences et les nouveautés que les différentes activités permettent d'aborder. Vous y trouverez également une proposition de consigne à lire à l'enfant. Sentez-vous libre de vous approprier cette consigne et de la reformuler avec vos propres mots.

Pour faciliter l'organisation du matériel à découper, chaque niveau possède un code couleurs (jaune pour le niveau 1, rouge pour le **niveau 2**). Nous vous conseillons de regrouper les étiquettes dans une enveloppe à coller à l'endroit prévu à cet effet.

Pour aller plus loin

En complément de ce cahier, vous pourrez vous procurer ***Mes premières lectures Montessori***, des histoires illustrées dans lesquelles l'enfant prendra plaisir à retrouver les personnages découverts dans ce cahier.

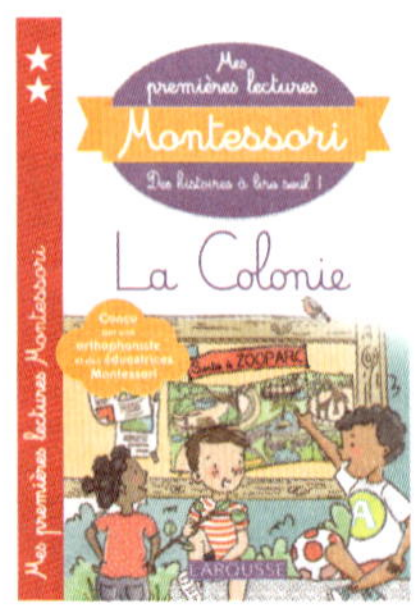

Sommaire

Dans les activités du livre, il y a tes amis :

Alix

Matis

Lola

Zoé

Milo

Rémi

Tom

Amir

Timéo

Mélanie

Niveau 1

Je lis des mots

Comment présenter les activités

Je lis des mots

Les activités où vous verrez ce symbole ✂ sont à découper.
Le matériel découpé pourra être rangé dans une enveloppe.
Un emplacement est prévu page 9 pour la coller.

Activités	Compétences travaillées et consignes à l'adulte	Consignes à lire à l'enfant
Verso des cartes **J'associe les images et les mots p. 12 à 15** ✂	L'activité porte sur le déchiffrage à voix haute et le sens. Une fois que vous lui aurez lu la consigne, l'enfant pourra réaliser seul l'activité grâce à l'auto-correction présente au dos des cartes. Découpez les étiquettes pages 121 et 123. Dans un premier temps, il est conseillé de proposer à l'enfant de travailler les séries dans l'ordre du cahier. Quand il sera familiarisé avec cette activité, il pourra les lire dans l'ordre qu'il souhaite.	« Prends la série d'images avec laquelle tu veux travailler. Étale les 6 images devant toi. Lis le mot inscrit sur ton cahier et place l'image qui correspond dans le cadre. À la fin de ton travail, tu peux te corriger en retournant chaque étiquette. Quand tu as fini une série, tu peux continuer avec la suivante ! »
Le chemin des aliments p. 16	L'activité porte sur le déchiffrage à voix haute et le sens. L'enfant doit lire chaque mot, le comprendre, et se demander s'il s'agit ou non d'un aliment.	« Découvre ce que Matis préfère manger. Pour cela, suis la piste des aliments. Si le mot que tu as lu est un aliment, tu peux alors passer sur la case avec ton stylo et continuer d'avancer ; si le mot n'est pas un aliment, tu dois changer de direction. »
Verso des cartes **Mime ou dessine les mots p. 17 à 20** ✂	L'activité porte sur la lecture intériorisée (l'enfant doit lire dans sa tête) et le sens. Découpez les étiquettes.	« Pose les étiquettes face cachée. Pioche une carte, puis énonce le thème de ta carte : action, cuisine ou armoire. Tu peux choisir de dessiner ou de mimer le mot pour le faire deviner. C'est ensuite au tour de celui qui a découvert ton mot de jouer. »

Verso des cartes **Je lis des listes de mots p. 21 à 26**	Les listes ont pour but d'améliorer la fluidité de lecture de votre enfant, d'abord à voix haute, puis « dans sa tête ». D'autre part, elles font aussi travailler visuellement le retour à la ligne. Découpez les listes et présentez-les individuellement à l'enfant.	« Choisis une liste et lis les mots. »
Verso des cartes **Le même mot p. 27**	Ce jeu a pour objectif : • d'accélérer le déchiffrage ; • d'entraîner sa recherche visuelle. Découpez les étiquettes pages 125, 127 et 129.	*La règle du jeu est inscrite sur la page 27.*
Coloriage magique p. 28	Ce jeu a pour but d'accélérer le déchiffrage et d'entraîner la recherche visuelle de votre enfant. Ici, les mots sont plus éloignés que dans le jeu précédent. La mémoire entre donc en action.	« Regarde le code, puis colorie l'illustration. »
Jeu de l'oie p. 29	Ce jeu a pour but de travailler le déchiffrage et le sens. Découpez le plateau page 131. Vous aurez également besoin d'un dé et de pions pour jouer.	*La règle du jeu est inscrite sur la page 29.*
Barre l'intrus de la liste p. 30	Cette activité porte sur le sens. L'enfant doit déchiffrer les mots, puis trouver celui qui ne fait pas partie du thème commun aux autres.	« Lis et barre l'intrus de chaque liste. »

J'associe les images et les mots

Je lis des mots

mur

coq

bus

cor

col

sac

menu

lama

Milo

judo

puma

tuba

Zoé bébé vélo

télé café Rémi

rue île pie

âne mie fée

cape

dune

gare

tube

carte

pipe

parasol

canapé

lavabo

domino

ananas

anorak

pomme

carotte

ville

tasse

botte

casserole

kilt

parc

arc

piste

porte

corne

Le chemin des aliments

Je lis des mots

La consigne détaillée se trouve page 10.

	kiwi	olive	film	canif
anorak	robe	tarte	kimono	vidéo
pull	képi	carotte	tomate	iris
cape	golf	jupe	épinards	pomme
botte	judo	cube	sac	banane

Malia adore les bananes !

Mime ou dessine les mots

À DÉCOUPER

Je lis des mots

dors	rigole
pédale	hurle
recule	picore
colorie	tire
tartine	lave
carotte	pomme
banane	tarte
tasse	casserole

Mime ou dessine les mots

À DÉCOUPER

Je lis des mots

café	radis
ananas	bol
sac	robe
pull	anorak
botte	cape
jupe	pyjama
culotte	kimono

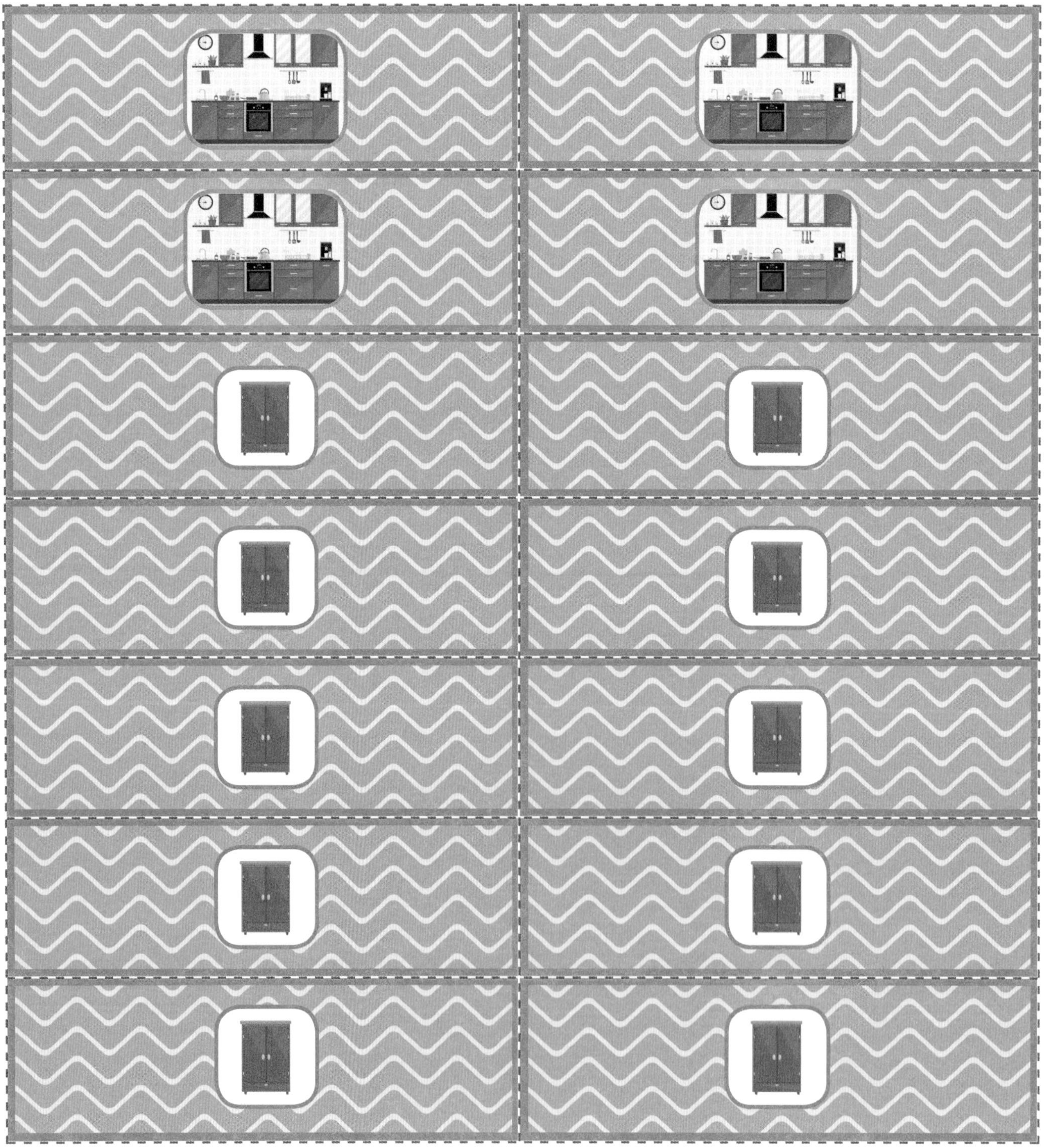

Je lis des listes de mots

À DÉCOUPER

Je lis des mots

do fa mi si la	mur bal bus dur zut	sol gaz cor bol coq
ami menu mari midi Milo	judo puma lama Lola Papi	joli soda Tata tipi moto
taxi Yo-Yo kaki kiwi iris	Rémi télé bébé vélo képi	café épi doré été Zoé

Je lis des listes de mots

À DÉCOUPER

Je lis des mots

robe lune dune gare cave	dame pipe cube cape tube	film parc mardi cactus alto
piste larme forme tarte carte	fête bête rêve tête même	colère vipère mère père fève
animal cacao lavabo domino ananas	carnaval canari anorak kimono parasol	canapé opéra coloré pédalo vidéo

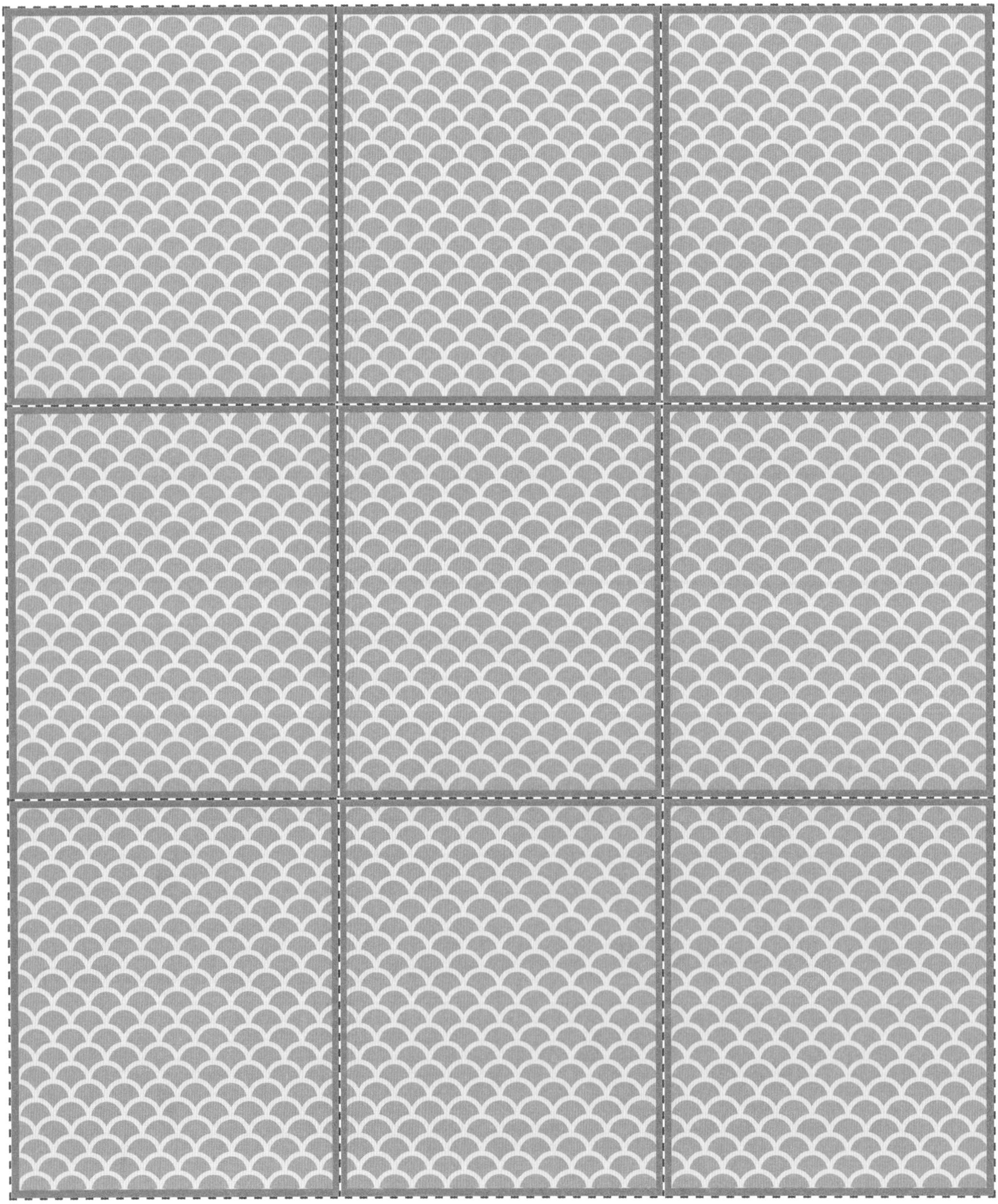

Je lis des listes de mots

À DÉCOUPER

Je lis des mots

pirate pelote armure tomate bobine	salade cabane tulipe banane carafe	pomme colonne botte balle appétit
casserole tasse passe bassine bosse	mélodie pédale récolte épinards école	harmonica harpe hamac huit hardi
petit mulot port lit soldat	léopard bord nord nid canard	radis tapis jus colis rubis

Le même mot

Je lis des mots

Le matériel nécessaire : les cartes « Le même mot ».

Le but du jeu : trouver le mot écrit en double sur chaque carte et l'énoncer.

La règle du jeu :

Les cartes sont disposées face cachée dans une pioche posée sur le cahier. Au top, un joueur retourne une carte (on peut désigner un joueur chargé de retourner les cartes tout au long de la partie ou choisir de changer de joueur à chaque tour). Le joueur qui énonce en premier le mot qui est en double sur la carte remporte cette carte. Le joueur qui a le plus de cartes à la fin de la partie a gagné.

À vous de jouer !

Posez la pioche ici.

Posez la carte ici.

Coloriage magique

Je lis des mots

okapi	café	moto	képi	piano	Yo-Yo
castor	cacao	vélo	kimono	tuba	judo
narval	kiwi	bus	sac	cor	lavabo
ibis	soda	rodéo	parasol	opéra	carnaval

Jeu de l'oie

Je lis des mots

Le matériel nécessaire : le plateau, un dé et des pions.

La règle du jeu :

Le premier joueur lance le dé et avance son pion du nombre de cases indiqué sur celui-ci.

Deux cas de figures peuvent alors se présenter :

- le joueur tombe sur une case mot. Il lit le mot et cherche la case image correspondante. Il place alors son pion sur cette nouvelle case. Il peut donc être amené à avancer ou à reculer.
- le joueur tombe sur une case image. Il la regarde et cherche la case mot correspondante. Il place alors son pion sur cette nouvelle case. Il peut donc être amené à avancer ou à reculer.

C'est ensuite au joueur suivant de lancer le dé.

Si un joueur commet une erreur, il devra passer son tour.

Le joueur qui arrive en premier sur la case « arrivée » gagne la partie.

À vous de jouer !

Barre l'intrus de la liste

Je lis des mots

boa - koala - ~~école~~ - castor - vipère

Ici, « école » est le seul mot qui ne désigne pas un animal.

tomate - pomme - puma - carotte - banane

anorak - jupe - robe - tipi - pull

caravane - Milo - Rémi - Alix - Matis

balle - Yo-Yo - figurine - cube - canari

tuba - cor - piano - parc - harpe

taxi - épinards - vélo - moto - kayak

Papi - Papa - bébé - canif - Tata

orque - narval - ibis - okapi - carnaval

Je lis des phrases

Collez ici une enveloppe
et rangez les étiquettes
dedans.

Comment présenter les activités

Je lis des phrases

Les activités où vous verrez ce symbole ✂ sont à découper.
Le matériel découpé pourra être rangé dans une enveloppe.
Un emplacement est prévu page 31 pour la coller.

Activités	Compétences travaillées et consignes à l'adulte	Consignes à lire à l'enfant
Que suis-je ? p. 34	L'activité porte sur le déchiffrage à voix haute et le sens. Elle fait aussi intervenir la mémoire. L'enfant doit lire la question, la comprendre et chercher la bonne réponse.	« Lis la question, garde-la bien en tête, puis va chercher la réponse dans la colonne en face. Quand tu as trouvé, relie par un trait la question à sa réponse. »
Verso des cartes **Je lis des phrases courtes p. 35 à 38** ✂	L'activité porte sur le déchiffrage à voix haute et le sens. Découpez les étiquettes. Si la lecture de l'enfant reste hésitante, proposez-lui de répéter la phrase qu'il vient de lire sans la regarder. S'il y arrive, c'est qu'il a compris ce qu'il vient de lire.	« Lis les phrases les unes après les autres et raconte ce que tu as compris. »

Verso des cartes **Je complète les phrases à trous p. 39 et 40**	Cette activité porte sur la lecture à voix haute ou intériorisée, et le sens. Elle fait aussi intervenir la mémoire et la recherche visuelle. Découpez les étiquettes page 115. Laissez-les à disposition de l'enfant, à côté des phrases à lire. Vous pouvez proposer à l'enfant deux façons de travailler : • il lit les mots de la série, puis les phrases à trous, avant de placer les étiquettes ; • il lit une phrase à trou, puis va chercher le mot manquant en balayant les quatre étiquettes avec ses yeux.	« Tu vois, ces phrases ont des trous. Il manque des mots. Pour chaque phrase, cherche le mot qui manque, puis place-le au bon endroit. »
Verso des cartes **Je lis des phrases longues p. 41 à 46**	L'activité porte sur le déchiffrage à voix haute et le sens. Découpez les étiquettes. Si la lecture de l'enfant reste hésitante, proposez-lui de redire la phrase qu'il vient de lire sans la regarder. S'il y arrive, c'est qu'il a compris ce qu'il vient de lire.	« Lis les phrases les unes après les autres et raconte ce que tu as compris. »
La famille de Milo et Zoé p. 47	L'activité porte sur la lecture à voix haute ou intériorisée, et sur le sens.	« Regarde bien l'arbre généalogique. C'est comme une photo de la famille de Milo et Zoé. Chaque personne a un numéro. Lis ensuite les phrases et trouve le personnage qui correspond à chaque description : note le numéro dans la case. »
J'associe une phrase à une image p. 48 à 51	L'activité porte sur la lecture à voix haute ou intériorisée, et le sens. Invitez votre enfant à regarder l'image, puis à lire chaque phrase pour trouver celle qui correspond à l'illustration.	« Regarde bien l'image, puis lis chaque phrase pour trouver celle qui raconte exactement ce que tu vois sur l'image. Coche la phrase qui est correcte. »

Que suis-je ?

Je lis des phrases

Tu me portes sur le dos. Que suis-je ?	Je suis la Lune.
Je picore du maïs. Qui suis-je ?	Je suis le coq.
J'illumine la nuit. Que suis-je ?	Je suis la carotte.
La lapine me dévore. Que suis-je ?	Je suis le sac à dos.
Tu me pèles. Que suis-je ?	Je suis Papi.
Je file sur la rivière. Que suis-je ?	Je suis la pomme.
Je suis le mari de Mamie. Qui suis-je ?	Je suis la cabane.
Tu me bâtis. Que suis-je ?	Je suis le kayak.

Je lis des phrases courtes

Je lis des phrases

À DÉCOUPER

Matis a vu Alix.

Lola a sali sa jupe.

Tom a bu du soda.

Le bébé a dormi.

Matis a imité Alix.

Timéo a coloré le mur.

Zoé a lu le menu.

Timéo a vu le baobab.

Je lis des phrases courtes

Je lis des phrases

À DÉCOUPER

Papa a bu du café.

Le boa a avalé le canari.

Papa a garé la moto.

Milo a sali le vélo.

Papi a étalé la pâte à tarte.

Rémi a pédalé vite.

Tata Lila porte le bébé.

Milo a bâti une cabane.

Je complète les phrases à trous

Je lis des phrases

La consigne détaillée se trouve page 33.

Série 1

Alix a lu le [ ] sur le mode de vie du narval.

Matis a mis le [ ] à côté du sac à dos.

Sur le lit de Zoé, il y a une jolie [ ] d'été.

Le midi à l'école, Timéo adore lire assis sur la [ ].

Série 2

Amir, le [ ] de Matis, fera du piano le mardi midi.

À l'[ ], Alix regarde l'homme qui porte le bébé sur le dos.

La tortue de Zoé dévore une énorme [ ].

Papa admire la jolie [ ] multicolore de la cabane.

Série 3

Lola rêve du joli [ ] kaki.

La mamie d'Alix n'a pas vu le [ ] à côté de la mare.

Milo ne va pas à la [ ], il part à Paris.

Papi a mal mis le [ ] sur le vélo de Rémi.

Série 4

Une licorne décore le joli [ ] de Zoé.

Qui a vu la petite [ ] du bébé de Tata Lila ?

« Ne regarde pas la [ ] ! » dit Papa à Alix.

Matis porte l' [ ] de l'école.

Je lis des phrases longues

À DÉCOUPER

Je lis des phrases

Zoé a déjà pelé sa pomme.

Alix pédale vite sur le joli pédalo.

À côté du parc, il y a l'école de Zoé.

Papa a garé sa moto à côté du vélo d'Alix.

À l'opéra, Milo a vu le cor, le piano, l'alto.

Je lis des phrases longues

À DÉCOUPER

Je lis des phrases

Timéo a vécu à Dakar, à côté de la médina.

Matis a vu le kimono de judo de Papa sur le canapé.

L'anorak doré de Zoé a été sali par l'ami de Papa.

Tom, le bébé de Tata Lila, rit fort.

La jolie robe d'Alix a disparu.

Je lis des phrases longues

Je lis des phrases

À DÉCOUPER

Milo a fixé le hamac kaki à la cabane.

Papa a fixé une petite lumière sur le vélo de Rémi.

Matis a mis la figurine du puma sur le tapis.

Rémi dort à la cabane de la forêt depuis samedi.

Mamie a dit à Papa de venir tôt à la fête du carnaval.

La famille de Milo et Zoé

Je lis des phrases

Je porte le casque de vélo, je suis Milo ! Je suis le numéro : ☐

Je porte une barbe. Je suis le papa de Milo. Je suis le numéro : ☐

Je suis la mère du papa de Milo. Je suis le numéro : ☐

Je suis le mari de Mamie. Je suis le numéro : ☐

Je porte l'anorak doré. Je suis le numéro : ☐

Je suis la mère de Milo. Je suis Natalia. Je suis le numéro : ☐

Je suis Tom le bébé. Je suis le numéro : ☐

Je suis la mère de Tom. Je suis Tata Lila. Je suis le numéro : ☐

Je suis le mari de Tata Lila. Je suis le numéro : ☐

J'associe une phrase à une image

Je lis des phrases

- ☐ Le bébé de Tata Lila a bu du café.
- ☐ Le bébé de Tata Lila a vidé le soda sur le canapé.
- ☐ Le bébé de Tata Lila a avalé la totalité de la tarte.

- ☐ Papi a vu le vélo de Rémi à l'école.
- ☐ Milo a vu le vélo de Rémi à côté du lac.
- ☐ Milo a vu le vélo de Rémi à l'école.

- ☐ Papi a lavé le joli vélo de Milo.
- ☐ Papi a lavé la moto sale de Papa.
- ☐ Papa a lavé la moto de Milo.

- ☐ Milo a bâti une cabane à côté de la forêt.
- ☐ Milo a bâti une cabane à côté de la ville.
- ☐ Milo a bâti une cabane sur la Lune.

☐ Papa ramène le kimono d'Alix.

☐ Matis ramène le kimono d'Alix.

☐ Matis ramène une jupe à Alix.

☐ Alix apporte une tarte.

☐ Alix va à une fête.

☐ Alix porte une jolie robe dorée.

☐ Matis casse la télé de Papa.

☐ Matis hurle à côté de Papa.

☐ Matis adore le film de Papa.

☐ Il y a le bal de carnaval : Rémi décore le mur.

☐ Il y a le bal de carnaval : Rémi illumine le mur.

☐ Il y a le bal de carnaval : Zoé colore le mur.

☐ Milo passe la nuit sur le sol de la cabane.

☐ Milo passe la nuit sur le canapé.

☐ Milo passe la nuit à côté du lac.

☐ Rémi a vu Tata qui porte une tortue.

☐ Rémi a vu le bébé koala de Tata Lila.

☐ Rémi a vu Tata qui porte une tarte à la banane.

☐ Milo tape la mélodie sur le piano.

☐ Zoé casse le piano de Milo.

☐ Milo regarde le joli piano de Zoé.

☐ Alix passe l'été à la caravane.

☐ Alix passe l'été à la cabane.

☐ Alix passe l'été à l'école.

- ☐ Alix pédale sur le lac.
- ☐ Papa hurle : le pédalo ne va pas vite.
- ☐ Papa lit le magazine sur le pédalo.

- ☐ Papa a vu le képi de Papi, il rit.
- ☐ Le bébé de Tata a vu l'arc de Papa.
- ☐ Milo a cassé l'arc de Papi.

- ☐ Zoé lit un magazine à côté de Papa.
- ☐ Zoé dort à côté de Papa.
- ☐ Zoé pèle une pomme à côté de Papa.

Je lis des textes courts

Collez ici une enveloppe et rangez les étiquettes dedans.

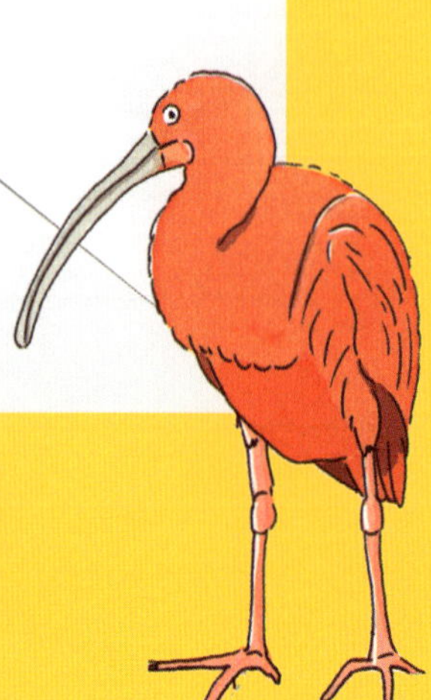

Comment présenter les activités

Je lis des textes courts

Les activités où vous verrez ce symbole ✂ sont à découper.
Le matériel découpé pourra être rangé dans une enveloppe.
Un emplacement est prévu page 52 pour la coller.

Activités	Compétences travaillées et consignes à l'adulte	Consignes à lire à l'enfant
Je lis des textes courts p. 54	La lecture d'un texte est une activité riche pour l'enfant qui continue de consolider son déchiffrage, qui gagne en fluidité et en rapidité, qui travaille sa compréhension et qui entraîne sa mémoire car il faut se souvenir des détails pour bien comprendre.	« Lis les histoires et raconte-moi ce que tu as compris. »
Je lis et je dessine le plan p. 55	Les intérêts de l'activité sont les mêmes que pour la précédente. Ici, votre enfant est face à une activité mettant en jeu sa mémoire et sa compréhension.	« Lis l'histoire de Milo : il se promène et effectue tout un trajet. À toi de dessiner le plan du trajet de Milo dans le cadre. »
Verso des cartes **J'associe un texte à une image p. 56** ✂	L'activité porte sur la lecture à voix haute ou intériorisée, le sens et la mémoire. Découpez les étiquettes page 117. Invitez l'enfant à regarder les images, puis à lire chaque phrase pour former des paires phrases et images.	« Regarde bien les images, puis pose-les dans les cadres. Lis maintenant chaque texte. Trouve le texte qui raconte exactement ce que tu vois sur l'image. Tu pourras alors poser le texte à côté de l'image correspondante. »
Verso des cartes **Je remets l'histoire dans l'ordre p. 57**	L'activité fait intervenir la compréhension et la mémoire, mais également la capacité de l'enfant à se représenter la chronologie des évènements. Réutilisez les étiquettes de l'activité précédente. Vous pouvez proposer cette activité en trois temps : • Demandez à l'enfant de mettre les images dans l'ordre, puis de vous raconter l'histoire. • Demandez-lui ensuite de lire les phrases et de les associer aux illustrations. • Enfin, proposez-lui de faire l'activité en une fois, en mettant en paire les illustrations et les textes, puis en remettant l'histoire dans l'ordre.	« Tu vois, ici il y a des images et là des phrases : c'est une histoire découpée et mélangée. Lis les phrases, retrouve les images qui correspondent, puis remets toute l'histoire dans l'ordre. »

Je lis des textes courts

Milo passe sa matinée à la fête de l'école. Il admire la jolie robe de fée de sa copine Nadia.

« Regarde Nadia, je porte ma cape de héros ! » dit Milo.

Nadia rigole : « Je suis la fée de la lumière, je porte une robe qui s'illumine ! »

Papa se relaxe sur le canapé. Matis lui apporte une tasse de thé à l'hibiscus. Il apporte le film que Papa préfère. Matis allume la télé. Papa dit : « Bonne idée ! »

Je lis et je dessine le plan

Je lis des textes courts

Le mardi, à la sortie de l'école, Mamie garde Milo.
Mamie habite à côté du parc. Milo sort de l'école. Il passe à côté de la fête, puis il arrive à la rivière. Milo regarde le canard qui suit le kayak. Il passe par la barrière cassée. Il arrive alors rue du Parc. Mamie le salue depuis sa porte.
Milo hurle : « Mamie, j'espère que tu as une tarte à la pomme, je suis affamé ! »

J'associe un texte à une image

Je lis des textes courts

La consigne détaillée se trouve page 53.

Milo fixe le casque sur sa tête.
Il dit : « Vive la moto ! »

Je remets l'histoire dans l'ordre

Je lis des textes courts

La consigne détaillée se trouve page 53.

1	
2	
3	
4	
5	

Niveau 2

Je lis des mots

Collez ici une enveloppe
et rangez les étiquettes
dedans.

Comment présenter les activités

Je lis des mots

Les activités où vous verrez ce symbole ✂ sont à découper.
Le matériel découpé pourra être rangé dans une enveloppe.
Un emplacement est prévu page 60 pour la coller.

Activités	Compétences travaillées et consignes à l'adulte	Consignes à lire à l'enfant
Verso des cartes **J'associe les images et les mots p. 63 à 66** ✂	L'activité porte sur le déchiffrage à voix haute et le sens. Une fois que vous aurez lu la consigne à l'enfant, il pourra réaliser seul l'activité grâce à l'autocorrection présente au dos des cartes. Découpez les étiquettes pages 133 et 135. Dans un premier temps, il est conseillé de proposer à l'enfant de travailler les séries dans l'ordre du cahier. Quand il sera familiarisé avec cette activité, il pourra les lire dans l'ordre qu'il souhaite. Les difficultés abordées dans les mots : • le e qui fait è ; • les groupes de deux consonnes ; • le e qui fait è devant une double consonne.	« Prends la série d'images avec laquelle tu veux travailler. Étale les 6 images devant toi. Lis le mot écrit sur ton cahier et place dans le cadre l'image qui correspond. À la fin de ton travail, tu peux te corriger en retournant chaque étiquette. Quand tu as fini une série, tu peux continuer avec la suivante ! »
Verso des cartes **Je lis des listes de mots p. 67 à 70** ✂	Les listes ont pour but d'améliorer la fluidité de lecture de l'enfant à voix haute, puis intériorisée. D'autre part, elles font aussi travailler visuellement le retour à la ligne. Découpez les listes de mots. Les difficultés abordées dans les listes : • le e qui fait è ; • les groupes de deux consonnes ; • le e qui fait è devant une double consonne.	« Prends les listes et lis les mots en prenant le temps de bien les comprendre. »

Verso des cartes **Je trouve le mot outil avec un miroir p. 71**	L'activité a pour but de faire mémoriser à l'enfant quelques mots outils indispensables à la lecture. Découpez le plateau de jeu, puis les étiquettes. Vous aurez également besoin d'un petit miroir.	« Prends une étiquette, place-la devant le miroir et lis le mot. Une fois que tu l'as lu, cherche le même mot dans le tableau et pose ton étiquette dessus. »
Verso des cartes **Le jeu des triangles p. 73**	L'exercice a pour but d'exercer la lecture rapide et le sens. Découpez les triangles pages 137, 139 et 141. Il y a trois jeux de triangles classés par difficultés. Un code couleurs permet de regrouper les étiquettes d'une même série. Les difficultés abordées : • série verte : le e qui fait è ; • série bleue : le e qui fait è devant une double consonne ; • série rose : les groupes de deux consonnes.	« Trie les triangles par couleurs. Choisis une première série. Étale toutes les pièces sur la table, face visible. Tu peux jouer avec un adulte ou avec des amis. Vous devez reconstituer le puzzle le plus vite possible en faisant correspondre l'image et le mot. Une fois que tu as reconstitué les puzzles, va à la page 73 de ton cahier, lis les phrases et coche la forme obtenue pour chaque série. »
Je trouve les mots mêlés p. 74	Le but de l'exercice est d'exercer la recherche visuelle. Pour un enfant qui n'a jamais réalisé ce type de jeu, vous pouvez chercher le premier mot avec lui et lui montrer comment colorier chaque lettre. La difficulté abordée dans les mots : • le e qui fait è.	« Tous les mots de la liste sont cachés dans la grille. À toi de les retrouver : ils sont écrits horizontalement (de gauche à droite). Tu peux les colorier, il y en a 12. »
J'entoure le bon mot p. 75	L'activité porte sur le déchiffrage et le sens. Les difficultés abordées dans les mots : • le e qui fait è ; • les groupes de deux consonnes ; • le e qui fait è devant une double consonne.	« Regarde l'image, puis lis les mots à côté. Entoure le mot qui correspond à l'image. »
Verso des cartes **Je trie mes cartes par thèmes p. 76**	Cette activité est une activité de vocabulaire qui porte sur le déchiffrage et le sens. Attention, dans cette activité, les difficultés abordées sont mélangées. Découpez les étiquettes page 119.	« Choisis avec quelle série tu veux travailler. Place les images dans les cadres. Lis les mots et trie les étiquettes en les posant dans la bonne colonne. »

J'associe les images et les mots

Je lis des mots

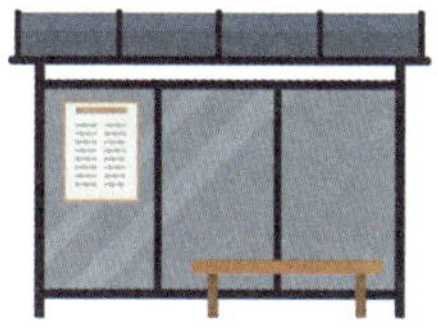

abri

brocoli

abricot

bras

arbre

brique

fenêtre

vitre

triste

quatre

arbitre

truie

grotte

gris

agrafe

ogre

tigre

grue

pluie

plus

parapluie

plume

plot

planète

table

sable

bibliothèque

blatte

cartable

câble

statue

stylo

stade

spatule

spirale

sport

escalade

escargot

télescope

vert

estomac

veste

jumelles

galette

benne

kermesse

lessive

Terre

Je lis des listes de mots

À DÉCOUPER

Je lis des mots

bras brave brebis abri cabri	brocoli octobre cabriole abracadabra broderie	crabe crâne crête crudités écriture
prune produit prix après propre	gros gris agrafe agrume agriculture	avril livre fièvre cuivre lièvre
drone drap cadre cathédrale mordre	fruit frère coffre friture fracture	trappe tribu fenêtre tribunal tricot

Je lis des listes de mots

Je lis des mots

À DÉCOUPER

classe miracle climat éclipse clic	table sable horrible blizzard sublime	règle globule réglisse glissière glue
flamme buffle éraflure flûte flaque	plume parapluie diplôme placard multiple	pelle belle attelle marelle cannelle
barquette dînette betterave canette camionnette	caresse délicatesse politesse vitesse paresse	Terre tonnerre lierre verre pierre

Je trouve le mot outil avec un miroir

À DÉCOUPER

Je lis des mots

un	dans	les	ou
des	et	est	avec
au	chez	c'est	en
aussi	pour	mais	quand

ou	les	dans	un
avec	est	et	des
en	c'est	chez	au
quand	mais	pour	aussi

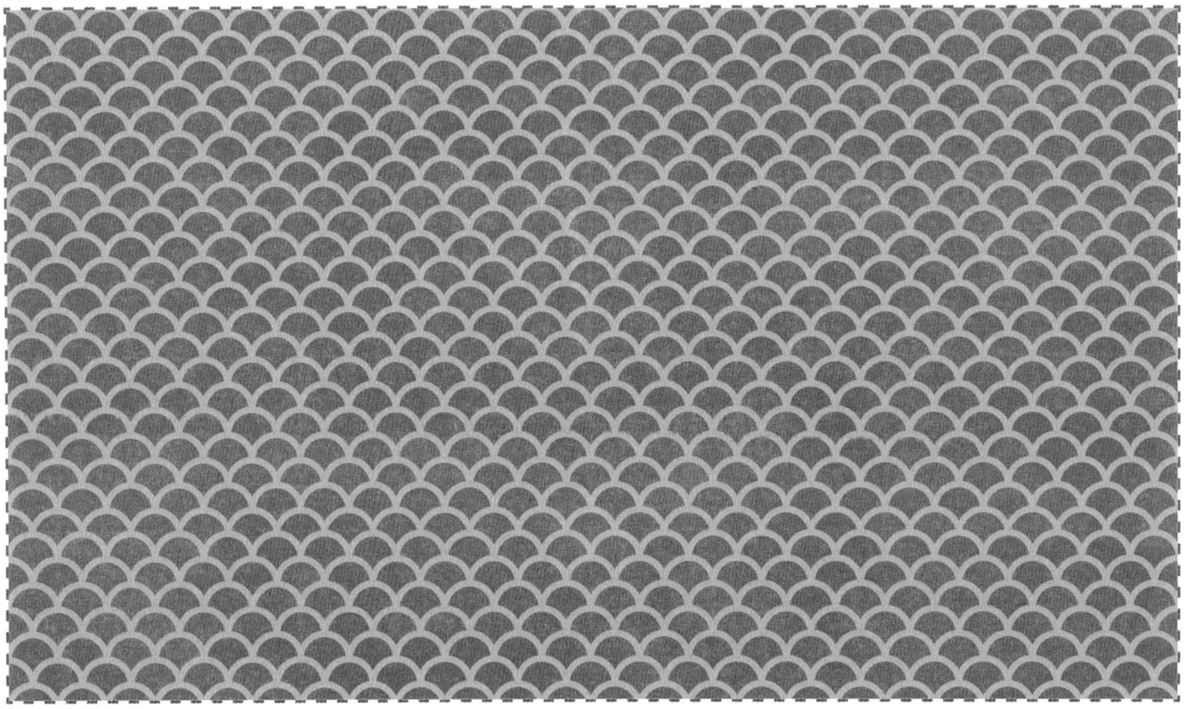

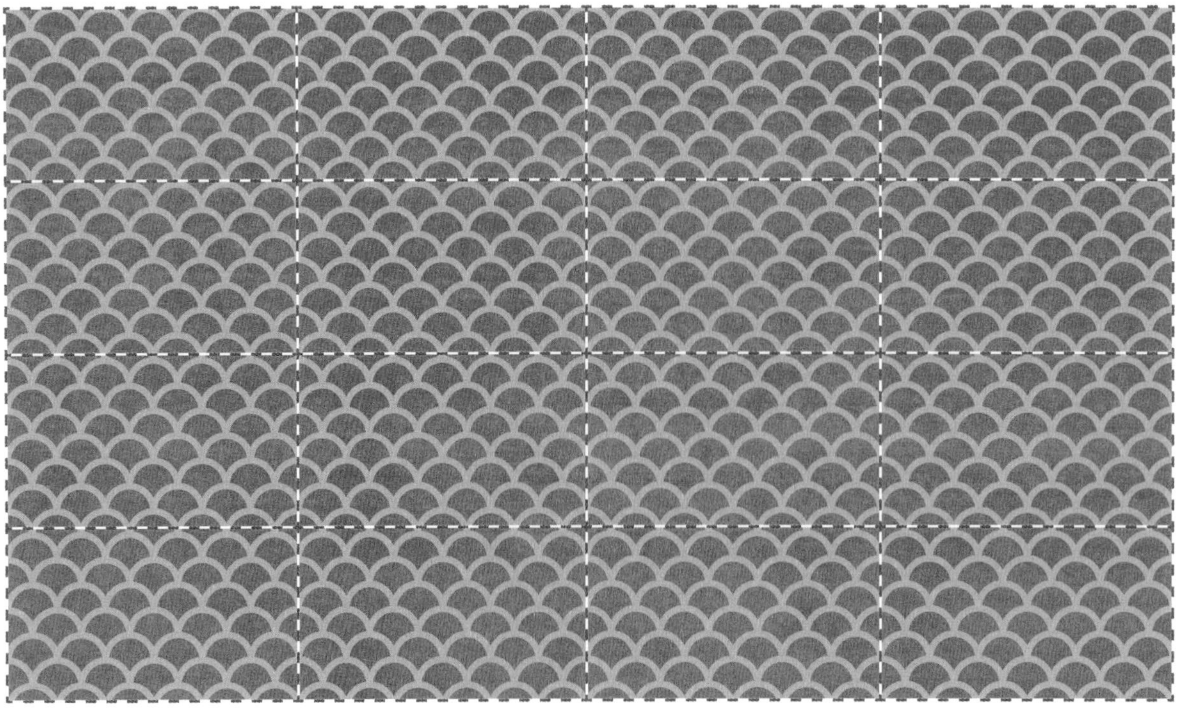

Le jeu des triangles

Je lis des mots

La consigne détaillée se trouve page 62.

Quelle forme as-tu obtenue avec les cartes  ?

Quelle forme as-tu obtenue avec les cartes  ?

Quelle forme as-tu obtenue avec les cartes  ?

Je trouve les mots mêlés

Je lis des mots

Colorie **les** mots :

mer	télescope	merle	festival
sel	escalade	escalope	estomac
avec	escargot	perle	veste

m	e	r	a	b	a	v	e	c	e	y	s	e	l	p	b
y	v	u	i	e	r	j	x	v	o	i	p	r	f	g	v
r	u	e	s	c	a	l	a	d	e	u	i	o	r	z	v
a	m	r	d	g	v	u	g	b	a	j	l	g	v	h	b
n	c	k	y	w	c	e	s	c	a	r	g	o	t	r	a
a	h	r	l	m	u	y	l	v	f	d	w	r	e	c	m
e	m	e	r	l	e	h	v	j	n	r	n	a	h	m	j
g	a	k	y	v	x	y	f	e	s	t	i	v	a	l	y
m	d	w	r	o	m	t	v	j	d	e	a	o	u	v	a
o	t	é	l	e	s	c	o	p	e	o	l	t	v	g	k
j	l	v	l	b	t	r	l	t	f	p	e	r	l	e	y
e	s	t	o	m	a	c	r	v	n	l	x	a	f	g	v
t	i	o	a	j	m	r	e	t	j	m	o	d	y	r	l
m	x	u	i	v	v	g	i	v	e	s	t	e	u	c	v
e	s	c	a	l	o	p	e	l	e	k	r	n	b	m	r

J'entoure le bon mot

Je lis des mots

selle
belle
cannelle
pelle
marelle

arbitre
quatre
vitre
truie
fenêtre

mer
sel
fer
ver
nerf

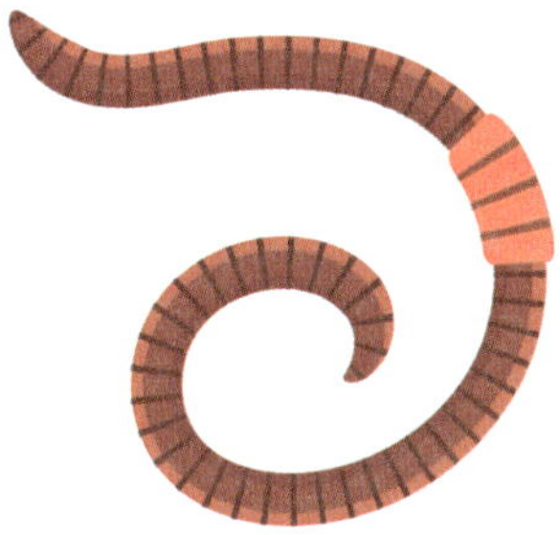

herbe
merle
perle
verbe
super

abri
cabri
abricot
cabriole
brique

dînette
miette
assiette
canette
salopette

sport
spirale
spatule
stylo
statue

terre
tonnerre
lierre
pierre
verre

Je trie mes cartes par thèmes

Je lis des mots

La consigne détaillée se trouve page 62.

Posez l'image ici.	Posez l'image ici.

Je lis des phrases

Collez ici une enveloppe et rangez les étiquettes dedans.

Comment présenter les activités

Je lis des phrases

Les activités où vous verrez ce symbole ✂ sont à découper.
Le matériel découpé pourra être rangé dans une enveloppe.
Un emplacement est prévu page 77 pour la coller.

Activités	Compétences travaillées et consignes à l'adulte	Consignes à lire à l'enfant
La carte postale mystère p. 80	L'activité porte sur le déchiffrage et le sens. L'enfant peut s'amuser à essayer d'autres chemins car toutes les phrases ont un sens. Les mots outils : • pour, en, au, avec, des, et, c'est, chez, où, est.	« Pour savoir ce qui est écrit sur la carte postale, trace d'abord le chemin que Matis doit suivre pour retrouver son papi. Ensuite, lis la phrase tout le long du chemin. »
Verso des cartes **Je lis des phrases courtes p. 81 et 82** ✂	L'activité porte sur le déchiffrage à voix haute et le sens. Découpez les étiquettes phrases. Si la lecture de l'enfant reste hésitante, proposez-lui de répéter la phrase qu'il vient de lire sans la regarder. S'il y arrive, c'est qu'il a compris ce qu'il vient de lire.	« Lis les phrases les unes après les autres. Tu peux raconter ce que tu as compris. »
Verso des cartes **Je joue avec les cartes à pinces p. 83 à 88** ✂	Cette activité porte sur la lecture à voix haute ou intériorisée, et le sens. Elle fait aussi intervenir la mémoire et la recherche visuelle. Découpez les cartes. Vous aurez également besoin de pinces à linge ou de trombones. L'activité brasse tous les mots outils vus dans « Je lis des mots, niveau 2 ». L'enfant devra en maîtriser la lecture pour que vous lui proposiez l'activité.	« Lis la phrase à trou et cherche au-dessous le mot qui convient. Quand tu as trouvé, place une pince à linge sur le bon mot. À la fin de ton travail, tu peux retourner les cartes et t'autocorriger. L'étoile au dos correspond à la bonne réponse. »

Verso des cartes **Je lis et je réalise la tâche p. 89 à 92**	Cette activité porte sur le déchiffrage, la lecture intériorisée et la compréhension. Découpez les étiquettes tâches. Après avoir lu la phrase dans sa tête, l'enfant est invité à réaliser l'action qu'il a lue.	« Lis chaque phrase dans ta tête et fais ce qui est demandé. » 
Je barre les phrases qui n'ont pas de sens p. 93	Cette activité porte sur le déchiffrage et la compréhension. Si l'enfant éprouve des difficultés, vous pouvez lui demander de vous expliquer la phrase qu'il a lue afin de savoir si elle a ou non un sens.	« Lis les phrases et barre celles qui ne veulent rien dire. »
Vrai ou faux ? p. 94 et 95	L'activité porte sur le déchiffrage et la compréhension, mais aussi sur la mémoire car l'enfant doit se souvenir de la phrase pour remplir le tableau situé en page 95. Expliquez à l'enfant ce que veulent dire les symboles ✓ et ✗.	« Regarde l'image. Lis la phrase, puis dis si elle raconte ce que tu as vu sur l'image. Dans le tableau, coche la bonne case. »
Je relie le début à la fin d'une phrase p. 96	L'activité porte sur le déchiffrage et la compréhension, mais aussi sur la mémoire car l'enfant doit se souvenir du début de la phrase pour trouver son complément. Même si les difficultés sont isolées au sein de chaque phrase, cette activité amène l'enfant à les confronter.	« Lis la première phrase. Tu remarqueras qu'elle n'est pas terminée. Pour trouver la fin, tu devras chercher dans la colonne de droite. Une fois que tu as trouvé la fin de la phrase, trace un trait pour relier le début et la fin de la phrase. Continue avec les phrases suivantes. »
Verso des cartes **Je lis des phrases longues p. 97 à 102**	L'activité porte sur le déchiffrage à voix haute et le sens. Découpez les étiquettes phrases. Les difficultés abordées : • le e qui fait è ; • les groupes de deux consonnes ; • le e qui fait è devant une double consonne ; • les mots outils.	« Lis les phrases les unes après les autres et raconte ce que tu as compris. »

La carte postale mystère

Je lis des phrases

La consigne détaillée se trouve page 78.

Je lis des phrases courtes

À DÉCOUPER

Je lis des phrases

Zoé a perdu sa perle.	Mamie referme la malle.
Il observe la mer.	Matis déguste du miel.
Papa prépare la pâte à crêpes.	Milo regarde par la fenêtre.
Il y a du lierre sur le mur.	La jupe a une étiquette.
Il y a du tonnerre.	Milo adore la cannelle.
Ma copine a une dînette.	As-tu vu la pelle de Tom ?
Mamie récolte les olives.	Matis a vu un vélo.
Zoé va dormir chez sa tata.	Matis et Milo rigolent.

Je joue avec les cartes à pinces

À DÉCOUPER

Je lis des phrases

Matis sort
par la porte ... Alix.

avec	dans	et

Zoé part dormir
huit nuits ... Mamie.

dans	chez	où

Le papi de Rémi a mis six
pommes à cuire ... la casserole.

avec	en	dans

Il n'y a pas de carottes ... le
repas de l'âne de Tata Lila.

où	pour	et

... samedi,
Alix part à l'opéra.

C'est	Pour	Mais

... mars, il y a le carnaval.

En	Dans	Les

Je joue avec les cartes à pinces

À DÉCOUPER

Je lis des phrases

Milo va vite ... le vélo.

mais	et	avec

Milo a apporté le canif ... la corde.

dans	chez	et

Il va à l'école ... à la fête ?

au	ou	est

... vit l'ibis ?

Où	Dans	Chez

L'anorak de Zoé ... sur le canapé.

au	mais	est

Il ne va pas à la gare ... à l'aéroport.

c'est	mais	dans

Je joue avec les cartes à pinces

À DÉCOUPER

Je lis des phrases

Il y a la robe de fée de Lola ... le sac de Papa.			Mardi, Milo ira ... zoo de la ville.		
chez	dans	mais	au	dans	est
Matis passe l'été ... lac.			... canards barbotent à côté de Zoé.		
au	ou	et	Aussi	Les	Pour
Milo lira le magazine de l'été. Zoé			La nuit arrive, Matis allume ... lumières.		
chez	mais	aussi	des	mais	aussi

Je lis et je réalise la tâche

À DÉCOUPER

Je lis des phrases

Ferme une porte.

Dessine une barque sur la mer.

Dessine Milo avec une veste verte.

Écris quatre mots.

Frappe sur la table.

Dis : « Abracadabra ! »

Crie très fort.

Imite le cri du tigre.

Je lis et je réalise la tâche

À DÉCOUPER

Je lis des phrases

Glisse sur le sol comme une vipère.

Répète le mot « brocoli » très vite.

Dis le titre du livre que tu préfères.

Regarde par la fenêtre.

Plie le bras.

Rigole très fort.

Apporte un sac.

Dis à un adulte : « Je suis dans un bus. »

Je barre les phrases qui n'ont pas de sens

Je lis des phrases

Matis est étonné car chez Papi il n'y a pas de soda.

« Je me suis disputé avec le télescope », dit Rémi.

La tortue domestique se régale du reste de la salade verte.

Zoé va au parc. Il y a un bébé dans le bac à cacao.

Mamie a tricoté la table basse de la cabane.

Après le film, Zoé se prépare une tasse de sable.

Le pirate tire le gros coffre par la lanière de cuir.

Lola a terminé sa dernière tartine de ferme.

Vrai ou faux ?

Je lis des phrases

Sur la table, il y a
le sac de prunes, le brocoli.

Mélanie observe la mer
avec le télescope.

Tata Lila a vu
la porte mal fermée.

Milo est dans un bus.

Milo a une veste verte.

C'est Alix qui porte un pull.

Papi frappe fort sur le socle.

Jiro lit le livre assis sur la table.

✓								
✗								

Je relie le début à la fin d'une phrase

Je lis des phrases

La fenêtre de la classe •	• avec le fer.
Milo a escaladé •	• quand il est malade.
Octave a mis du sable •	• a une vitre cassée.
Zoé a repassé sa jupe •	• sur le livre de Tata.
Il y a un renard •	• dans la forêt.
Tata sort une galette •	• le mur de la ferme.
C'est Matis qui va •	• au judo.
Rémi ne va pas à l'école •	• de sa camionnette violette.

Je lis des phrases longues

Je lis des phrases

À DÉCOUPER

Lola a mis le sucre, puis le biscuit à côté de la tasse de café de Mamie.

L'arbitre a sifflé : la partie s'arrête après le but.

Milo le pirate crie très fort : « Barre à tribord ! »

À Paris, Papa préfère le bus plutôt que le métro.

Lola regarde le gros nid à côté de sa fenêtre.

Je lis des phrases longues

À DÉCOUPER

Je lis des phrases

Avec le reste de tomates, Mamie cuit la dernière tarte salée de l'été.

Lola a observé sa copine sur le mur d'escalade.

À la mer, Alix a vu le bernard-l'hermite sur la dune.

Timéo a perdu la dernière partie de cartes, il déteste ça !

À la ferme, le coq affamé observe le ver.

Je lis des phrases longues

Je lis des phrases

À DÉCOUPER

Milo jette sa casquette sur le sol : il a cassé sa raquette.

Zoé décore sa belle jupe : elle a mis du tissu coloré.

Matis est allé au zoo : il a vu une tortue des Galapagos.

Mamie cultive des tomates, des salades et des radis.

Au menu chez Tata, il y a des carottes râpées, du rôti et de la purée.

Je lis des textes courts

Collez ici une enveloppe et rangez les étiquettes dedans.

Comment présenter les activités

Je lis des textes courts

Les activités où vous verrez ce symbole ✂ sont à découper.
Le matériel découpé pourra être rangé dans une enveloppe.
Un emplacement est prévu page 103 pour la coller.

Toutes les activités proposées dans cette partie portent sur le sens. La lecture d'un texte est une activité riche pour l'enfant qui :

- continue de consolider son déchiffrage ;
- gagne en fluidité et en rapidité ;
- travaille sa compréhension ;
- entraîne sa mémoire car il faut se souvenir des détails pour bien comprendre.

<table>
<tr><th>Activités</th><th colspan="2">Compétences travaillées et consignes à l'adulte</th><th>Consignes à lire à l'enfant</th></tr>
<tr><td colspan="4">Difficultés isolées</td></tr>
<tr><td>Je complète le texte à trous p. 106</td><td colspan="2">La difficulté abordée :
• les mots outils.</td><td>« Lis le texte, retrouve le mot qui manque et note son numéro dans la case. »</td></tr>
<tr><td rowspan="3">Je lis des histoires courtes p. 107 et 108</td><td>La sortie nature</td><td>La difficulté abordée :
• les groupes de deux consonnes.</td><td rowspan="3">« Lis les textes autant de fois que tu le veux. Tu peux me raconter l'histoire après la lecture si tu le souhaites. »</td></tr>
<tr><td>La carte postale de Gaëlle</td><td>La difficulté abordée :
• le e qui fait è devant la double consonne « ll ».</td></tr>
<tr><td colspan="2">Vous pouvez poser des questions à l'enfant pour le guider dans son résumé.</td></tr>
</table>

Difficultés mélangées

Ces textes sont à proposer quand l'enfant maîtrise les difficultés isolément.

Je lis et je colorie p. 109	Les difficultés abordées : • le e qui fait è devant une double consonne ; • les groupes de deux consonnes ; • les mots outils : en, des, un.	« Lis les phrases une par une et réalise les consignes. »
Je trouve le mot mystère p. 110	Les difficultés abordées : • le e qui fait è devant une double consonne ; • les groupes de deux consonnes ; • les mots outils : c'est, est. Montrez à l'enfant qu'il peut s'aider de l'alphabet écrit sous le tableau.	« Pour retrouver le mot mystère, lis les phrases une par une et complète le tableau. Tu peux t'aider de l'alphabet. »
Je lis et je déduis p. 111	Les difficultés abordées : • le e qui fait è ; • les groupes de deux consonnes ; • les mots outils : et, des, dans, avec, un.	« Lis bien les indices que Milo te donne pour retrouver sa cabane. Coche le bon dessin. » « Lis bien les indices que le papa de Matis te donne pour retrouver sa caravane. Coche le bon dessin. »
Je lis et je réponds aux questions p. 112 et 113	Les difficultés abordées : • le e qui fait è ; • les groupes de deux consonnes ; • les mots outils : avec, les, et, c'est, dans, est, un, au, mais, où. Vous pouvez proposer l'activité sur plusieurs jours en vous assurant que l'enfant a bien compris le texte avant de répondre aux questions. Pour cela, vous pouvez lui demander de vous raconter l'histoire.	« Lis le texte et réponds aux questions en cochant la bonne réponse. »
Verso des cartes **J'associe un texte à une image p. 114**	Les difficultés abordées : • le e qui fait è ; • les groupes de deux consonnes ; • les mots outils : et, au, c'est. Découpez les images page 143.	« Lis chaque texte, puis regarde bien les images pour trouver celle qui correspond au texte. »

Je complète le texte à trous

Je lis des textes courts

La consigne détaillée se trouve page 104.

La récolte de Matis

Chez Papi, Matis a récolté des haricots, des carottes et aussi de la salade. Il apporte sa [5] à Mamie qui lit un magazine dans le [ ].

Il lui dit : « Regarde Mamie, c'est pour le repas ! »

- « Oh la jolie [ ] ! Il y a une multitude de légumes en [ ].
- Mais quand vas-tu [ ] les carottes et les haricots ?
- C'est Papi qui va les cuire. Je pars au [ ] ! »

1	2	3	4	5	6
été	hamac	yoga	cuire	récolte	salade

La sortie nature

Mardi après-midi, Matis va à sa première sortie nature. Il dévore sa salade de tomates. Il attrape le sac que Papa lui a préparé. Il part.

Depuis la fenêtre, Papa lui crie : « Profite de ta promenade, Matis ! »

Matis regarde Papa, il lui dit : « Scarabées, renards, mulots, grives, vipères,... Je suis passionné par la vie de la forêt ! »

La carte postale de Gaëlle

Alix a une copine qui s'appelle Gaëlle. Alix n'a pas revu sa copine depuis l'été à la colonie car Gaëlle habite à Paris. Alix a reçu une carte postale de Gaëlle. Elle lit la carte :

> Salut Alix !
>
> J'arrive samedi 8 à la gare.
>
> Je suis ravie de venir.
>
> Tu te rappelles que j'adore la tarte à la mirabelle ?
>
> J'apporte ma belle tenue de fée.
>
> Gaëlle

« Quelle bonne idée ! » se dit Alix. Vite, je sors ma belle tenue de fée de ma malle à costumes !

Je lis et je colorie

Je lis des textes courts

1. Dessine des briques sur le mur de l'école.
2. L'élève qui a des lunettes s'appelle Gustave. Colorie-le.
3. Rémi a un vélo. Colorie le sac de Rémi en vert.
4. Tu as vu la trottinette ? Colorie-la en gris.
5. L'élève à côté de Gustave s'appelle Marie.
   Marie porte des bottes. Colorie-les.
6. Derrière Milo, il y a Malika. Elle a une barrette
   dorée. Colorie-la.

Je trouve le mot mystère

Je lis des textes courts

Avec le télescope, Mélanie regarde une planète. Laquelle ?

1	2	3	4	5	6	7

a b c d e f g h i j k l m n o p q r s t u v w x y z

1. Écris la première lettre du mot « jupe ».
2. Écris la lettre qui se situe après la lettre t.
3. C'est la première lettre du mot « papa ».
4. La quatrième lettre du mot mystère est la lettre verte.
5. Note la première lettre de la planète sur laquelle tu vis.
6. C'est la première lettre du mot « est ».
7. Écris la dernière lettre du mot « hiver ».

Je lis et je déduis

Je lis des textes courts

Ma cabane a une porte et une fenêtre. Elle a été bâtie dans les arbres. Il y a une cape multicolore sur la porte et du tissu vert sur le dessus de ma cabane.
Je me hisse dans ma cabane avec une corde.

 ☐  ☐  ☐  ☐

Ma caravane verte a une porte fermée. Je la décore avec des lumières. Derrière la fenêtre, Alix lève le bras.
À côté de ma caravane, il y a un arbre.

 ☐  ☐  ☐

 ☐  ☐  ☐

Je lis et je réponds aux questions

Je lis des textes courts

Les drôles de crêpes de Papi

Samedi après-midi, Matis a préparé de la pâte à crêpes avec Papi. « Drôle d'idée les crêpes à l'huile d'olive ! » a dit Matis. Papi a ri. Matis a sorti le gros bol du robot. Il a versé quatre pots de farine, dix millilitres d'huile d'olive et du sel. Papi a mis le reste.

Il a mixé la pâte avec le robot. La pâte a collé mais Papi a dit à Matis : « C'est normal, tu n'as pas mis la limonade ! »

Après que le robot a sonné, Papi a raclé le bord du bol avec la spatule, puis il a mis la pâte au frigo. Il a dit : « Mamie se régalera au repas ! »

Après le repas, Matis a cuit une crêpe avec Papi, il a étalé du miel dessus et Mamie a croqué dans la crêpe. Elle a rigolé : « Matis, tu as mis trop de sel ! Quel drôle de cuistot ! »

Matis a versé :

- ☐ quatre pots de farine.
- ☐ six pots de farine.
- ☐ huit pots de farine.

Matis verse l'huile :

- ☐ dans une casserole.
- ☐ dans le bol du robot.
- ☐ dans un verre.

La pâte colle car :

- ☐ Matis a mis de la glue.
- ☐ Matis n'a pas mis la limonade.
- ☐ Matis a mis du sucre.

Où Papi a-t-il mis la pâte ?

- ☐ Dans le frigo.
- ☐ Dans le plat à tarte.
- ☐ Dans la casserole.

Mamie dit :

- ☐ que Matis est un super cuistot.
- ☐ que Matis a mis trop de miel.
- ☐ que Matis a mis trop de sel.

J'associe un texte à une image

Je lis des textes courts

La consigne détaillée se trouve page 105.

Matis allume
la lumière et observe
la Lune. Rémi sort
un pique-nique
du sac à dos.

Zoé passe la matinée
à la cabane de la forêt.
Milo lui a dit :
« Apporte la dînette,
huit assiettes,
une cuvette. »

Samedi midi, Papi
apporte le repas. Matis
attrape le sac de Papi,
il sort : le gros brocoli,
la botte d'épinards, six
carottes, dix prunes.

À Tokyo, l'école de
Jiro a une forme ovale.
Il adore lire sur
le hamac. À midi,
au menu c'est makis.

Je complète les phrases à trous

À DÉCOUPER

Je lis des phrases

magazine	canif	jupe	barrière
camarade	aéroport	salade	cape
pull	canard	colonie	cadenas
sac	balle	télé	uniforme

J'associe un texte à une image

Je lis des textes courts

À DÉCOUPER

Papa arrive à moto à la cabane de la forêt.
Il se gare.

Milo sort de la cabane. Il dit : « Oh la jolie moto ! Je rêve de devenir pilote ! »

Papa dit à Milo : « Une balade, ça te dit ? » Milo, ravi, dit :
« Je finis ma part de tarte, j'arrive ! »

Milo se hisse sur la moto. Papa rit :
« Milo, pas de casque, pas de moto ! »

Milo fixe le casque sur sa tête.
Il dit : « Vive la moto ! »

Je trie mes cartes par thèmes

À DÉCOUPER

Je lis des mots

stylo

équerre

règle

agrafe

cartable

classe

spatule

prune

abricot

brocoli

sel

miel

sable

mer

pâquerette

crabe

pelle

blé

octobre

pluie

flaque

escargot

parapluie

brume

Le même mot

À DÉCOUPER

Je lis des mots

do mi fa la si si	os as or if as il	zut gaz bal bol bol mur
mari dame ami menu soda ami	épi Zoé doré bébé bébé café	pipe cape Tata cube cape lime
film alto alto mardi kart parc	fête même rêve tête bête fête	piste larme tarte forme carte tarte

Le même mot	Le même mot	Le même mot
Le même mot	Le même mot	Le même mot
Le même mot	Le même mot	Le même mot

Le même mot

À DÉCOUPER

Je lis des mots

colère
vipère
fève
père
père
mère

carnaval
anorak
kimono
animal
parasol
animal

pomme
ville
carotte
carotte
botte
casserole

canapé
coloré
pédalo
opéra
vidéo
canapé

opéra
récolte
pédale
opéra
mélodie
école

hardi
harmonica
hamac
huit
harpe
harmonica

Yo-Yo
kaki
kiwi
cactus
kaki
taxi

mulot
petit
petit
radis
tapis
galop

kiwi
anorak
fakir
tapir
anorak
kimono

Le même mot

Le même mot

Le même mot

Le même mot

Le même mot

Le même mot

Le même mot

Le même mot

Le même mot

Le même mot

À DÉCOUPER

Je lis des mots

animal salade canapé colère carnaval canapé	pirate salade mélodie récolte salade lavabo	armure père coloré anorak armure tulipe
récolte école pelote pirate école armure	judo jupe joli judo boa ami	vidéo parasol ananas fève carafe parasol
botte bébé bobine blé bobine banane	coloré carnaval canapé cacao carnaval carotte	armure ananas anorak alligator anorak animal

Le même mot

Le même mot

Le même mot

Le même mot

Le même mot

Le même mot

Le même mot

Le même mot

Le même mot

DÉPART
bébé
sac
canapé
soda
cape
vélo
loto
Papi
corde
télé
Yo-Yo
panière
piano
kimono
képi
vipère
cabane
canif
forêt
arc
cor
tipi
koala
nuit
ARRIVÉE

J'associe les images et les mots

Je lis des mots

À DÉCOUPER

abri	fenêtre	grotte	pluie	table
brocoli	vitre	gris	plus	sable
abricot	triste	agrafe	parapluie	bibliothèque
bras	quatre	ogre	plume	blatte
arbre	arbitre	tigre	plot	cartable
brique	truie	grue	planète	câble

J'associe les images et les mots

Je lis des mots

À DÉCOUPER

statue	escalade	jumelles
stylo	escargot	galette
stade	télescope	benne
spatule	vert	kermesse
spirale	estomac	lessive
sport	veste	Terre

Le jeu des triangles

Je lis des mots

À DÉCOUPER

hiver

ferme

mer

escargot

perle

bec

miel

ver

merle

Le jeu des triangles

Je lis des mots

À DÉCOUPER

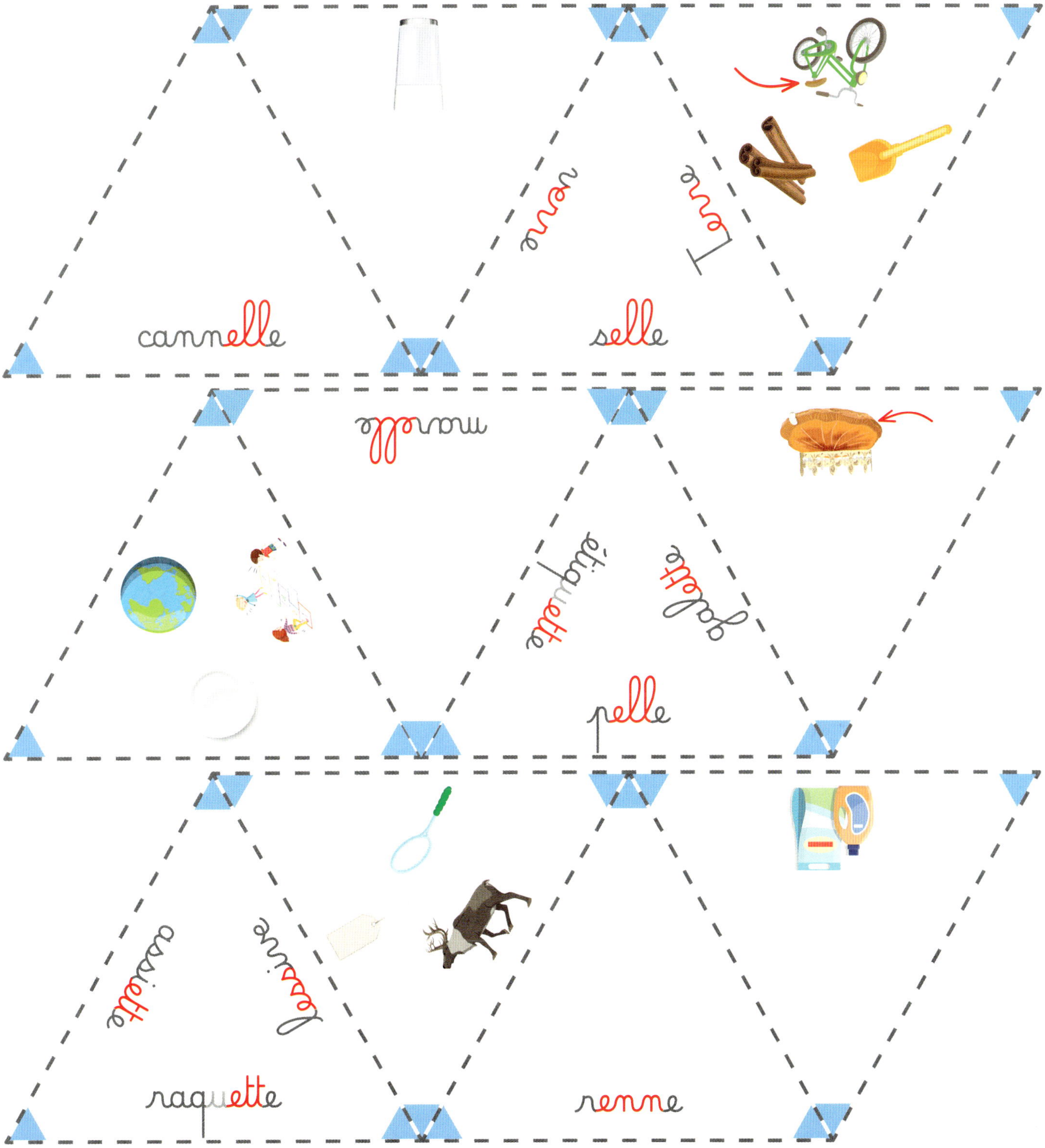

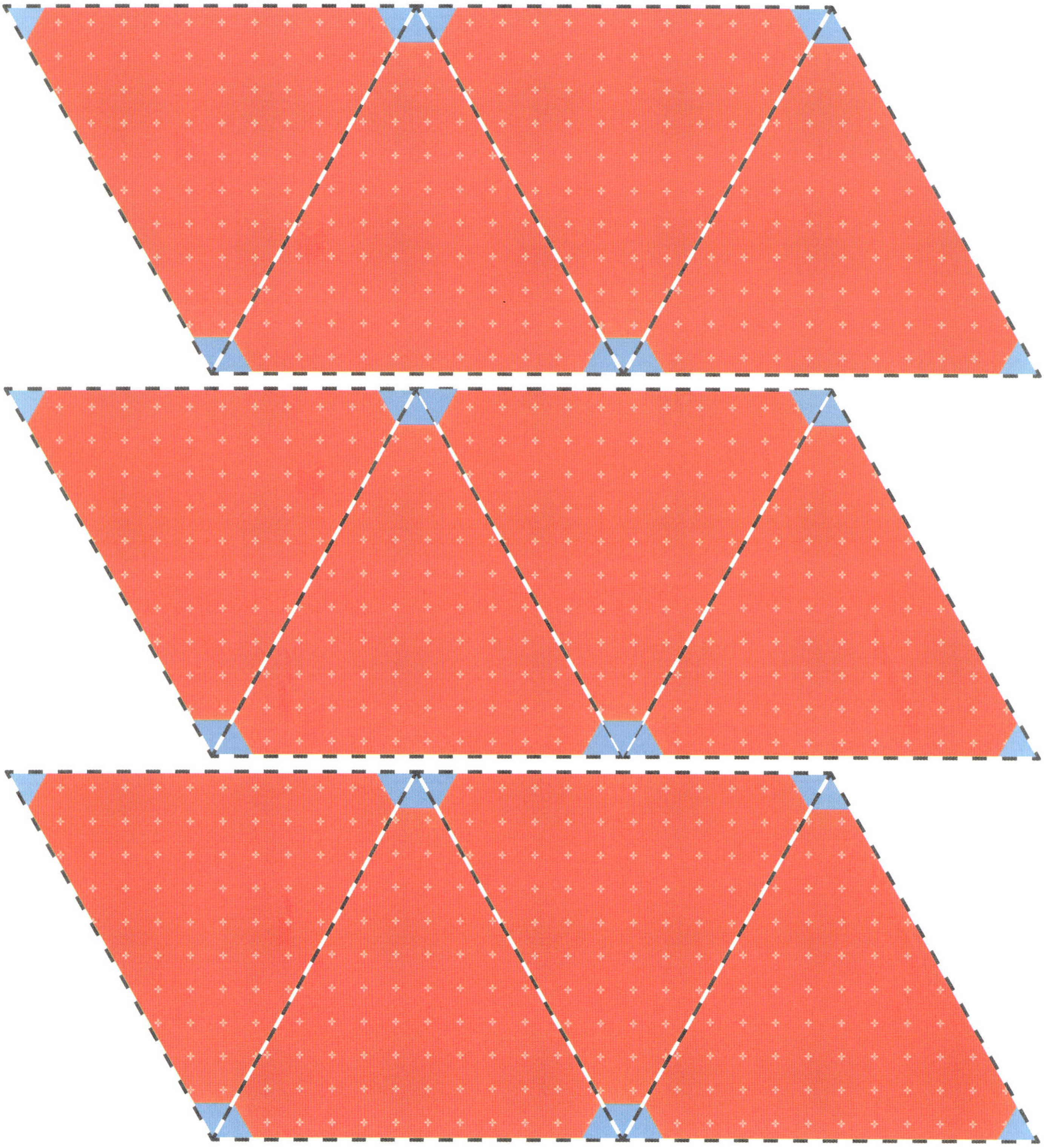

Le jeu des triangles

À DÉCOUPER

Je lis des mots

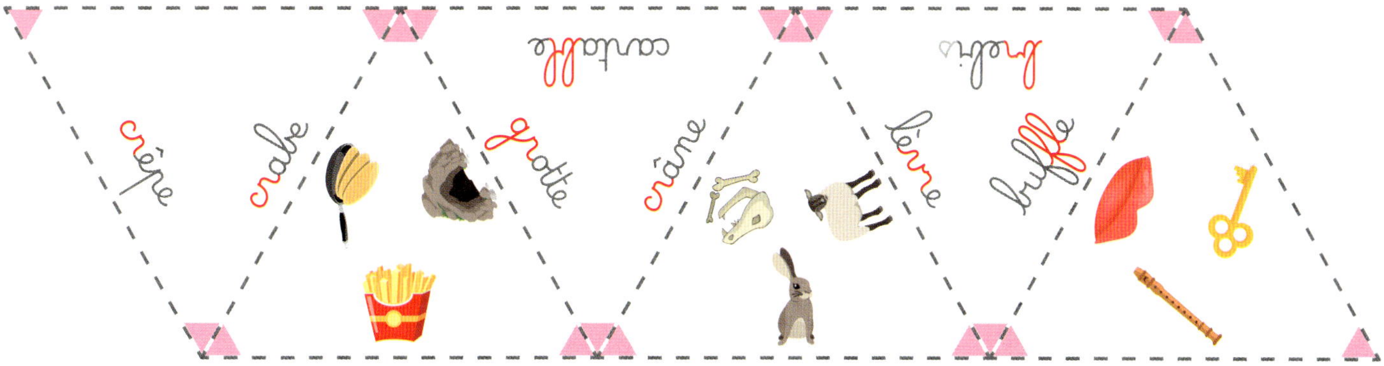

J'associe un texte à une image

Je lis des textes courts

À DÉCOUPER